DOMINA TUS CELOS

Los secretos para que los celos
no te arruinen la vida

Por Hugues Prion Pansius

Traducido por Laura Bernal Martín

Salud y bienestar   en50MINUTOS.es

en50MINUTOS.e
SI TU VIDA ES UNA MONTAÑA RUSA,
¡DISFRUTA DEL VIAJE!
DESPÍDETE DE LA TIMIDEZ
Domina tus celos
Aprende a quererte
Logra que tu hijo se divierta aprendiendo
Aprende a aceptar a los demás
www.en50minutos.es

¿CÓMO DOMINAR MIS CELOS?

- **¿Problemática?** Los celos amorosos llevados al extremo pueden tener efectos devastadores en una pareja. Por tanto, ¿cómo aprender a dominar este sentimiento para poder vivir una relación sana y equilibrada?
- **¿Meta?** Recuperar la confianza en ti mismo y en el otro.
- **¿Preguntas frecuentes?**
  - ¿Por qué soy celoso?
  - ¿Los celos son una prueba de amor?
  - ¿En qué momento los celos se vuelven patológicos?
  - ¿Las mujeres son más celosas que los hombres?
  - ¿Pueden los celos ser consecuencia de una falta de autoconfianza?
  - ¿Qué buenos hábitos tengo que adoptar para controlar mis celos?
  - ¿Cómo puedo ayudar a mi pareja a superar sus celos?
    «No hay nada que pueda llenar tanto a una persona como los celos» (Kundera 2010).

Cuando los celos amorosos —un tema recurrente en la literatura y a menudo explotado en el cine— se vuelven enfermizos, son sinónimo de sufrimiento tanto para el que los siente como para el que los padece. En muchas ocasiones, de hecho, sus efectos son devastadores para la perennidad de la pareja.

> «Ya no vivía. Los celos me comían por dentro: estaba convencida de que el hombre al que quería me engañaba o que tarde o temprano iba a hacerlo. Sabía que había tenido muchas aventuras de una noche antes de conocerme. Era

Este testimonio lo dice todo (o casi todo). El sentimiento de abandono, de inseguridad y de culpa, el miedo infundado a perder al ser amado y una baja autoestima son algunos de los síntomas que revelan un profundo malestar y que, en personas celosas por naturaleza, provocarán angustias psi-cológicas que pueden evolucionar y convertirse en paranoia y, en los casos más extremos, provocar episodios violentos.

A través de diversos testimonios, intentaremos comprender cuáles son los mecanismos subyacentes a esta emoción y ofrecer pistas para enseñarte a gestionarla mejor con el fin de mantener una relación de pareja sana.

EL ORIGEN DEL MAL

¿CÓMO DEFINIR LOS CELOS?

El Diccionario de la Real Academia Española define los celos como «sospecha, inquietud y recelo de que la persona amada haya mudado o mude su cariño, poniéndolo en otra» (DRAE 2014). En otras palabras, a una persona celosa le horroriza la idea de dejar de «poseer» a la otra, y la idea de perderla le resulta insoportable. Aunque es evidente que el término «posesión» no es sinónimo ni de amor ni de respeto por el otro, son muchos los cónyuges posesivos que afirman con fervor querer y valorar a su media naranja más que a nada en el mundo.

La psicoterapeuta Charlotte Laplace añade a estas nociones un concepto propio a los celos amorosos que juzga fundamental para comprender esta emoción: la «seducción supuesta». Para la especialista, nos ponemos celosos porque nos imaginamos que nuestra pareja es seducida por una tercera persona. A menudo pensamos que esta tiene rasgos y cualidades que nosotros no podemos ofrecerle, y que son precisamente estos elementos los que nuestra pareja busca. A esto también se le añade la noción de duda, ya que una persona celosa sufre una evidente falta de autoconfianza.

«Cuando tenía 35 años estaba muy enamorado de una mujer de 28. Tras unos meses de relación fusionada y pasional, me sorprendí al ver que me había convertido en alguien extremadamente celoso. Ella era muy guapa y tenía a muchos hombres detrás, y yo estaba convencido de que antes o después me engañaría. Empecé a espiar su agenda, su móvil y su ordenador. No soportaba que saliera sin mí y me volvía loco que llegara más tarde de lo previsto. Si hubiera podido encerrarla lo habría hecho. Era horrible, porque yo lo pasaba muy mal y, por mucho que me dijera que era ridículo, los celos podían conmigo. Sin embargo, me considero alguien seguro de mí mismo: tengo un trabajo magnífico y me gano muy bien la vida. Más tarde comprendí que mis celos eran la consecuencia de complejos personales: me consideraba demasiado bajito y no especialmente atractivo, por lo que estaba convencido de que un día ella se iría con un hombre más apuesto. Mis celos llegaron a ser tan extremos que le hacía la vida imposible. Después de dos años, me dejó» (Loïc, 48 años).

Al dudar constantemente de nosotros mismos hacemos que nuestra pareja adopte la postura de la persona que ofrece consuelo. Pero cuando sus palabras ya no son suficientes y no logramos entrar en razón, intentamos controlar los actos de nuestra pareja, lo que corre el riesgo de hacer que nuestra relación se vuelva insoportable enseguida. Para salir de esta espiral, la ruptura se presenta como la única solución para acabar con este encierro. Nuestro testigo Loïc lo ha experimentado en sus propias carnes.

En los casos más extremos, los celos pueden convertirse en paranoia. Para Alain Krotenberg, psiquiatra y miembro de la Asociación Francesa de Terapia Conductual y Cognitiva, los celos tienen que ver con esta forma de psicosis. Sin embargo, un paranoico está convencido de que siempre tiene razón por lo que, si cree que el otro intenta engañarlo, no podrá alejar de su mente esa idea —tampoco a pesar de los esfuerzos de su pareja—.

Son cinco las nociones vinculadas a los celos amorosos:

- la relación triangular (pueden existir varios rivales);
- la seducción supuesta;
- el deseo de posesión;
- el miedo a perder a la persona amada;
- la falta de confianza en uno mismo.

UN MAL SIN GÉNERO

Los celos no entienden de género: se trata de un sentimiento destructivo que afecta indistintamente a hombres y a mujeres. Pero estos no viven sus celos de la misma manera y, por tanto, no reaccionan de forma idéntica. Mientras que la mayor parte del tiempo el hombre celoso ve en el adversario potencial una amenaza a su virilidad, la mujer, por su parte, teme sobre todo el abandono y considera al género femenino como un grupo de seductoras que pueden desviar a su pareja del buen camino. Krotenberg afirma: «Las mujeres celosas presentan un comportamiento histérico y depresivo, mientras que en los hombres los celos tienen un carácter paranoico y obsesivo que dificulta su combate»[1] (Gannac 2016).

Una mujer celosa se pregunta si su pareja la quiere por lo que es. Si duda de su fidelidad, buscará pruebas materiales: olor a perfume en su ropa, palabras tiernas en los bolsillos, SMS en su móvil o mensajes en su correo electrónico. Al menor indicio, llora y profiere amenazas. Con frecuencia se siente lista para encontrarse con su rival e intenta desvalorizarla a

---

1. Cita traducida por 50Minutos.es

ojos de su pareja. Finalmente, no dudará en abandonar a la persona a la que quiere sin justificación alguna.

Por su parte, el hombre celoso teme que un adversario le «desposea» de su ser amado. Para confirmar sus dudas, examina la apariencia de su pareja, detecta si va más arreglada de lo habitual y controla sus horarios. Si encuentra cambios, le hace comentarios y le atosiga con preguntas. Busca limitar su autonomía y aislarla de su círculo de amigos y de su familia. Si piensa que tiene una prueba de la traición, puede volverse violento psicológicamente (humillación) o físicamente. Sin embargo, al contrario de lo que ocurre con una mujer celosa, no se planteará dejarla.

> «Mi pareja es horriblemente celosa. Le he dicho varias veces que estaba harta de sus constantes interrogatorios sobre mis horarios y de sus ataques de ira en cuanto no respondía inmediatamente a sus mensajes. Incluso me ha llegado a decir que mi ropa le parece demasiado provocativa. Lo que más me molesta es que me repita que está celoso porque me quiere mucho. No entiende que me siento cada vez más encerrada en sus delirios y que si continúa así voy a romper con él, porque esta relación me asfixia. Incluso le he llegado a mentir sobre la gente con la que salgo por miedo a sus reacciones» (Élise, 26 años).

Lo más dramático en este tipo de situaciones es que, a fin de cuentas, las dos partes sufren y padecen este sentimiento que fragiliza a la pareja. Por supuesto, si los celos afectan tanto a hombres como a mujeres, tampoco son una cuestión de clases sociales: todos nos podemos encontrar un día en esta situación, independientemente de nuestra condición social.

¿SABÍAS QUE...?

Como acabamos de indicar, los celos patológicos pueden afectar a cualquiera, y los personajes célebres tampoco se libran de ellos. Por ejemplo, a Napoleón I (1769-1821), conocido por su tenacidad y por su valentía en el combate, le corroían los celos. En 1809 se divorcia a su pesar de su querida Josefina, ya que esta no puede darle un hijo. Cuando ve que su exmujer cada vez tiene más amantes, al emperador le carcomen los celos. Sobre esta mujer a la que nunca dejó de amar, Napoleón escribe: «Mil puñales desgarran mi corazón. No concibo cómo puedo vivir sin ti» (Clarasó 1995).

Elizabeth Taylor (1932-2011), la célebre Cleopatra idealizada por Mankiewicz (1909-1993), también fue presa de unos destructivos celos. Su relación pasional con Richard Burton (1925-1984) constituye una de las historias de amor hollywoodienses más fascinantes. Viven un amor fusionado y ardiente, pero la actriz es corroída por los celos y la pareja se divorcia en 1974. Vuelven a casarse en 1975, pero se separan de nuevo un año más tarde.

Ahora que el concepto está más claro, te ofrecemos algunas pistas que te ayudarán a entender cuáles son los elementos que desencadenan los celos:

- **la falta de autoestima**. Tras los celos enfermizos se

esconde un profundo sentimiento de inseguridad que a menudo encuentra su origen en la infancia (una falta de afecto parental, la pérdida de un estatus privilegiado tras el nacimiento de un hermano, etc.);

- **la idealización del otro**. Poner a nuestra pareja en un pedestal y considerar que es tan fantástica que es inevitable que seduzca a todo el mundo puede ser peligroso. De hecho, un estudio de la Universidad Colgate de Nueva York ha demostrado que idealizar a nuestra pareja perjudica la relación y puede generar una falta de autoconfianza;
- **el deseo de poseer al ser amado.** En la mente del celoso, el otro es su «propiedad», su «objeto». Por ello, el miedo a perder aquello que cree poseer es ansiógeno. Sin embargo, repetimos: ¡querer no es poseer!
- **el miedo al abandono.** El miedo a encontrarse solo se experimenta de forma insoportable, ya que los celos pueden recordar al miedo que siente un niño ante la idea de que sus padres lo abandonen. Esta ansiedad puede generar una dependencia afectiva para con la pareja: como un polluelo que se ha caído del nido, un individuo celoso se pregunta qué será de él sin el otro y se repite incansablemente la fatídica frase «sin ti no soy nada»;
- **la proyección de deseos de infidelidad inconscientes**. Algunos psicoanalistas consideran que los celos son un reflejo del deseo inconsciente de engañar al otro. De esta manera, este sentimiento podría ser consecuencia de la voluntad de ser infiel, unas ganas que se proyectarían en la pareja. Este deseo es aún más fuerte si la persona celosa ha sido promiscua en el pasado.

Así pues, los celos se presentan más bien como un problema

personal del individuo que los experimenta que como una patología de pareja. Según la psicóloga Michelle Larivey, «lo que hacemos con estas reacciones interiores es, en realidad, un intento de utilizar a nuestra pareja para esquivar o neutralizar nuestro conflicto interno»[2] (Larivey 2001).

---

2. Cita traducida por 50Minutos.es

¿CÓMO SALIR DE ESTA ESPIRAL INFERNAL?

ENCONTRAR EL QUID DEL PROBLEMA

Tener celos no es el fin del mundo, y hacer que desaparezcan no es una utopía. De hecho, es posible aprender a contenerlos y a dominarlos para que no vuelvan a perjudicar tus relaciones amorosas.

TEST: ENTENDER TUS CELOS

Antes de nada, es esencial que reconozcas que eres celoso y que identifiques exactamente de dónde proceden tus celos, para así poder encontrar las respuestas adecuadas y superarlos. Responde con la mayor sinceridad posible a la siguiente tanda de preguntas. Aprendiendo a conocerte mejor, serás capaz de reaccionar de manera más racional.

- ¿Cuándo sufriste tu última crisis de celos? ¿Qué la desencadenó?
- ¿Sientes celos en todas tus relaciones amorosas? ¿Se manifiestan con idéntica intensidad?
- ¿Cómo se manifiestan tus celos exactamente? ¿Con qué frecuencia los sientes?
- ¿Tienes razones objetivas para estar celoso? De ser así, ¿cuáles son?
- ¿Tienes la sensación de haber sido abandonado de pequeño? ¿Tus padres formaban una pareja unida?

Si todavía sigues dudando sobre el nivel en que se sitúan tus celos, en internet existen numerosos test que podrían arrojar luz sobre este punto. Sin embargo, es conveniente tener en cuenta las circunstancias: no pasa nada por sentir celos de vez en cuando. Se trata de un sentimiento que se vuelve problemático cuando es recurrente y enfermizo, es decir, cuando la idea de que te engañen se convierte en una obsesión. Si has llegado a ese nivel, es de vital importancia que empieces a trabajar sobre ti mismo para entender el origen de estos miedos y para desarrollar mecanismos que te ayuden a gestionar este sentimiento. En términos generales, aprende a aceptarte con tus cualidades y tus defectos. Nadie es perfecto, tampoco tu pareja. Como hemos visto, los celos no son un problema de pareja, sino más bien un problema personal. Por lo tanto, la terapia de pareja no sirve para nada, al menos al principio.

El comportamiento de una persona celosa es fácilmente detectable porque evidencia un miedo permanente y obsesivo a ser traicionado y abandonado. Por lo tanto, intenta identificar siempre que te sea posible las situaciones sociales que hacen que te sientas celoso.

TEST: ¿SUFRES CELOS PATOLÓGICOS?

Si respondes afirmativamente a al menos cinco de estas diez afirmaciones, entonces sufres celos patológicos.

- Acosas a menudo a tu pareja para saber a qué dedica su tiempo.
- Le pides constantemente que te explique por qué llega tarde.

- Espías su perfil de Facebook, sus correos electrónicos o sus mensajes de texto a la menor ocasión.
- No soportas que salga sin ti.
- En cuanto tu pareja recibe una llamada, exiges saber de quién es.
- Haces comentarios constantemente sobre su forma de vestir, que te parece demasiado sensual, demasiado provocativa, etc.
- Controlas con quién se reúne (amigos, familia, compañeros de trabajo, etc.).
- No soportas que mantenga contacto con sus exparejas.
- Le prohíbes que practique actividades en las que no participas.
- Te sientes abandonado cuando no está.

¡CONFÍA EN TI!

Cuida tus pasiones

La falta de autoestima es probablemente una de las causas más conocidas y frecuentes de los celos. La persona que los experimenta siente que no merece el amor de su pareja; está convencida de que esta solo está con ella por piedad o por despecho, y no por amor o por deseo.

Por tanto, ser consciente de nuestros defectos y de nuestras cualidades es primordial para avanzar en la dirección adecuada. ¡Acéptate tal como eres! Según el psiquiatra Christophe André, mejorar nuestra autoestima nos vuelve menos dependientes. André explica:

«No necesitamos a otra persona para sentirnos vivos, para sentir que valemos. De esta forma, elegimos a nuestra pareja sin aferrarnos a ella. [La autoestima] también permite comprometerse [en una relación] con más confianza. Algunos se quieren a sí mismo tan poco que bloquean sus relaciones con los demás y prefieren no tener vida sentimental a sufrir»[3] (Colin-Simard 2009).

Para recuperar tu autoconfianza tienes que empezar por cultivar tus pasiones. Apúntate, por ejemplo, a un club de deportes, o participa en una actividad creativa o de desarrollo personal, como la pintura o el teatro. Actúa tal como lo haría una persona segura de sí misma. Atrévete a tomar decisiones como si desbordaras seguridad: tus sentimientos acabarán amoldándose a tus acciones. Finalmente, haz tuya la expresión «mens sana in corpore sano» («mente sana en cuerpo sano»).

«Hubo un tiempo en el que trabajaba a tiempo parcial y, por lo tanto, tenía mucho tiempo libre. El trabajo absorbía a mi marido y había varios días de la semana en que él no volvía a casa antes de las nueve de la noche. Enseguida me imaginé que tenía una aventura y esta idea se me hizo insoportable, sobre todo porque cada vez pasábamos menos tiempo juntos: cuando volvía del trabajo, siempre parecía demasiado cansado y se pasaba el tiempo viendo la televisión antes de irse a dormir. Yo, que sin embargo soy una persona racional, me volvía loca, los celos me comían por dentro y me inventaba mil y un escenarios posibles. Hurgaba en su maletín a la menor ocasión, consultaba su agenda a escondidas o espiaba su cuenta de Facebook y observaba quiénes de entre

---

3. Cita traducida por 50Minutos.es

sus amigas solían darle a «Me gusta» en sus fotos. Mi madre, que veía que estaba perdiendo el control, me aconsejó que me apuntara a una actividad deportiva para desahogarme. Como había jugado mucho al tenis cuando era joven, decidí apuntarme a un club. Iba a entrenar varias veces a la semana y entonces ocurrió el milagro. Olvidé esos celos que me hacían la vida imposible, me empecé a sentir más tranquila y segura de mí misma y nuestra pareja ha nacido de nuevo. Actualmente confío de nuevo en él» (Inès, 46 años).

No te compares con los demás

Deja de medirte con rivales imaginarios. Compararte con los demás es la principal causa de falta de autoconfianza y de celos. Cada persona es única y sigue su propio camino. Por lo tanto, es necesario que construyas una imagen positiva de ti mismo. Para ello, observa los progresos que has realizado en tu vida y muéstrate orgulloso de ellos. No olvides que no podemos gustarle a todo el mundo, así que no intentes convertirte en otra persona. Intenta más bien mejorar tus cualidades y deja de centrarte en tus defectos. Tu satisfacción personal solo depende de ti.

¡CONFÍA EN TU PAREJA!

Cultiva tu jardín secreto

A menudo, los celos se traducen en un sentimiento de preocupación y, entonces, cuestionamos la confianza que depositamos en el otro, pero también la que tenemos en nosotros mismos. La comunicación es indispensable para que una pareja sea duradera, pero también lo es la confianza. Si puedes confiar en tu pareja, entonces los celos no tienen sentido alguno. Sin embargo, esto no significa que la relación tenga que basarse en una transparencia absoluta. Contárselo todo no es una solución e incluso podría engendrar nuevos problemas. Tal y como subraya Dominique Foucart, psicoterapeuta y mediador en Interactes, es importante preservar nuestro jardín secreto, pero también el de tu pareja. «Confiar es aprender a no pedirle cuentas al otro sobre lo que es suyo. Interrogarle sobre este tema [significaría comer] el fruto del árbol del conocimiento del bien y del mal, algo que nos condena a la soledad y al sufrimiento»[4] (Foucart 2011).

Desarrolla tu autonomía

No le pidas demasiado a tu compañero sentimental. En una pareja, es importante que las dos partes tengan sus propias actividades y que sean autónomas. Así, ambos pueden construirse, forjar sus propias opiniones y vivir sus pasiones. Cultiva tu jardín secreto y ve con regularidad a tus amigos. Vuestras respectivas actividades alimentarán las conversaciones en pareja.

No olvides que una relación es, ante todo, una historia en común. Por lo tanto, procura buscar momentos de complicidad, fuentes de alegría y de satisfacción mutua. Por ejemplo, puedes anotar en un cuaderno las salidas y las experiencias que te gustaría compartir con tu pareja (restaurante, viaje, etc.) y pedirle que haga lo mismo.

---

4. Cita traducida por 50Minutos.es

Toma perspectiva

Cuando te sientas celoso, no reacciones de manera destructiva acusando a tu pareja sin miramientos, encerrándote en el silencio o haciendo comentarios sarcásticos. Tienes que hacer lo contrario: tomar perspectiva y actuar como una persona que confía en su pareja.

Ve a los demás con optimismo

Uno de los componentes principales de los celos es el miedo. No consideres sistemáticamente que los demás son enemigos declarados que te robarán a tu pareja. Dite a ti mismo que todo el mundo tiene derecho al beneficio de la duda. Por lo tanto, muéstrate optimista con tu pareja, pero también contigo mismo, y verás cómo tu percepción de la vida cambiará de forma natural. Además, desarrollarás una vida social más enriquecedora, porque los optimistas atraen irremediablemente a los demás.

HABLA DE ELLO CON UN ESPECIALISTA

Finalmente, si sientes que no consigues dominar tus celos tú solo, no dudes en consultar con un especialista. Pedir ayuda no es un síntoma de debilidad, al contrario. El análisis objetivo y libre de prejuicios de un profesional que se enfrenta día tras día a esta problemática puede resultar de gran utilidad. Te ayudará a identificar los motivos de tus celos, pero lo más importante es que te proporcionará las herramientas necesarias para luchar contra esta emoción que te come por dentro. En cuestiones de conducta amorosa, solo se puede avanzar por el buen camino determinando las preguntas que hay que plantearse y estableciendo un plan de acción adecuado. Llevar a cabo un trabajo previo sobre ti mismo sigue siendo necesario, especialmente para ser consciente de que tu pareja no te pertenece.

¿CÓMO SEGUIR CONTROLANDO MIS CELOS?

¿Crees que has superado tus celos gracias al trabajo que has realizado sobre ti mismo o gracias a la terapia? ¡Enhorabuena! La siguiente etapa consiste en evitar a toda costa que renazcan de sus cenizas en cuanto se presente la ocasión. Acuérdate de esta frase de William Shakespeare (1564-1616): «Los celos son un monstruo que se engendra y nace de sí mismo» (Iserte 1982, 35). Para acabar con el monstruo de una vez por todas, procura:

- **recordar todo lo que has trabajado en ti mismo.** Sería una pena arruinarlo todo por una simple sospecha;
- **preservar tu autonomía**. Sigue disfrutando de tus actividades personales y de tus pasiones;
- **comunícate con tu pareja**. Las cosas que se quedan sin decir son una fuente de frustración y de malentendidos. La comunicación es un componente fundamental para el bienestar y la perennidad de una pareja;
- **escucha los consejos de tus seres queridos**. Te quieren y pueden ver las cosas desde otra perspectiva, algo que tú no siempre puedes hacer;
- **evita darle rienda suelta a tu imaginación y a tu impulsividad**. Céntrate en los hechos concretos y no en tus sospechas e intenta estar tranquilo antes de empezar una discusión.

TRUCO

Cuando caigas en las garras de la duda, recuerda todas las pruebas de amor que has recibido por parte de tu pareja, el camino recorrido, las dificultades que habéis superado juntos y los buenos momentos compartidos. Esto debería ayudaros a superar el miedo al futuro. No dudes en escribir esta lista en un papel.

«Mi novia acaba de apuntarse a clases de inglés. Hace algunos años le habría preguntado por las personas a las que había conocido y por aquellas con las que comía a mediodía, por la cantidad de hombres que había en su clase, etc. Hoy en día ya no caigo en esta trampa, porque he entendido que el problema era mío y no suyo. No siempre es sencillo y a veces me atrapan mis viejos demonios, pero he aprendido a controlarme y he elegido confiar en ella. Me he dado cuenta de que habíamos vivido momentos fantásticos, pero que también habíamos atravesado períodos difíciles y, para mí, esto es una señal de que nuestra pareja es sólida. Ahora mis celos ya no nos arruinan la vida» (Éric, 35 años).

A fin de cuentas, lo importante no es que los celos desaparezcan por completo, sino más bien poder dominarlos para no sufrir por su culpa y para dejar de atormentar al otro. Así podrás sentirte plenamente satisfecho en tu relación de pareja. ¡La pelota está en tu tejado!

PREGUNTAS FRECUENTES

¿POR QUÉ SOY CELOSO?

Aunque es difícil ofrecer teorías generales y universales sobre los orígenes y las causas de los celos, existen algunos síntomas que se repiten con bastante frecuencia. Por ejemplo, algunas razones que pueden explicar los celos patológicos son la falta de autoestima, la inseguridad afectiva —como la provocada por un trauma sufrido durante la infancia—, el miedo al abandono o la proyección de tus propios deseos de infidelidad.

¿LOS CELOS SON UNA PRUEBA DE AMOR?

En absoluto. Los celos solo pueden considerarse como un síntoma de buena salud en una pareja si surgen como continuación a un juego de seducción. En cambio, los celos patológicos no constituyen ninguna prueba de amor, al contrario: tal como afirma La Rochefoucauld (1613-1680), «en los celos hay más amor propio que amor» (Ramírez Mota 2014, 125). Es evidente que toda idea de posesión del otro no es compatible con el amor verdadero. Encerrar a nuestra pareja en una cárcel, asfixiarla con preguntas cargadas de recelo y acabar robándole parte de su libertad solo tendrá efectos devastadores para la pareja.

¿EN QUÉ MOMENTO LOS CELOS SE VUELVEN PATOLÓGICOS?

Los celos se consideran patológicos cuando se convierten en una obsesión y provocan una tensión constante en la pareja. Entonces no solo le provocan un gran sufrimiento a la persona que los padece —y para la que el menor detalle demuestra que el otro es culpable—, sino también a quien tiene que soportarlos.

¿LAS MUJERES SON MÁS CELOSAS QUE LOS HOMBRES?

Tanto los hombres como las mujeres pueden ser celosos. Sin embargo, a menudo los celos adoptan formas más intensas en los hombres. Mientras que la mayor parte del tiempo un hombre celoso percibe al adversario como una amenaza para su virilidad, una mujer teme más bien el abandono y puede considerar al género femenino como un rival que puede desviar a su amado del buen camino.

¿PUEDEN LOS CELOS SER CONSECUENCIA DE UNA FALTA DE AUTOCONFIANZA?

Sí, pero no se deben solo a la falta de confianza en uno mismo. Los celos patológicos siempre nacen de un importante déficit de autoconfianza unido a un sentimiento de inseguridad. Para vencer esta emoción tienes que aceptar quién eres, pero también quién no eres. Puedes alimentar tu autoestima entregándote a tus pasiones o participando en diversas actividades creativas, deportivas o de desarrollo personal. Ábrete a los demás y multiplica tus experiencias.

¿QUÉ BUENOS HÁBITOS TENGO QUE ADOPTAR PARA CONTROLAR MIS CELOS?

Lo más importante es que reconozcas tu patología y que aceptes que la padeces. A continuación, intenta descubrir el porqué de tus celos. Puedes optar por un enfoque introspectivo hacia tu conciencia y tu pasado, o puedes recurrir a un psicoterapeuta. Así, podrás determinar el origen de tus miedos y aprender a dominar tus instintos posesivos y tus reacciones exageradas. En cualquier caso, deja de torturarte y aprende a confiar en tu pareja. A partir de ahora, prohíbete a ti mismo hurgar en sus cosas o acosarle con preguntas a cada paso que da. Para salir de este encierro psicológico que representan los celos patológicos, trabaja para mejorar tu autoestima. Una persona celosa debe ser consciente de que la pareja que forma con el otro es única. Por otra parte, la psicoanalista Michèle Montrelay invita a aquellos que sufren este tipo de mal a quedar con la persona a la que consideran su rival para ponerle cara y cuerpo a un individuo hasta entonces imaginario.

¿CÓMO PUEDO AYUDAR A MI PAREJA A SUPERAR SUS CELOS?

Puedes intentar evitar en la medida de lo posible instaurar la duda en su mente, y comenzar así a devolverle la confianza. Procura también estimularla para que sea más autónoma animándola a que participe en actividades que le llenen para librarse de la dependencia afectiva de la que a menudo son víctima los celosos.

¡Tu opinión nos interesa!
¡Deja un comentario en la página web de tu librería en línea,
y comparte tus favoritos en las redes sociales!

PARA IR MÁS ALLÁ

FUENTES BIBLIOGRÁFICAS

- André, Christophe. 2006. *Imparfaits, libres et heureux.* París: Odile Jacob.
- Asana, Louise. 2003. "Quand la jalousie devient maladie!". *Doctissimo*. 6 de diciembre. Consultado el 27 de abril de 2017. http://www.doctissimo.fr/html/psychologie/mag_2004/mag0102/ps_7327_jalousie_pathologiqu.htm
- Ayoun, Monique. 1999. "Secrets et mensonges de la jalousie". *Psychologies*. Enero. Consultado el 27 de abril de 2017. http://www.psychologies.com/Couple/Crises-Divorce/Jalousie/Articles-et-Dossiers/Secrets-et-mensonges-de-la-jalousie/7
- Colin-Simard, Valérie. 2009. "Christophe André: les troubles de l'estime de soi sont en pleine progression". *Psychologies*. Julio. Consultado el 27 de abril de 2017. http://www.psychologies.com/Moi/Se-connaitre/Estime-de-soi/Articles-et-Dossiers/Retrouver-et-garder-l-estime-de-soi/Christophe-Andre-Les-troubles-de-l-estime-de-soi-sont-en-pleine-progression
- Faure, Christophe. 2014. "Couple: sortir de la dépendance affective". *L'Express*. 1 de julio. Consultado el 27 de abril de 2017. http://www.lexpress.fr/styles/psycho/couple-sortir-de-la-dependance-affective_1555567.html
- Foucart, Dominique. 2011. "Le secret de la confiance, c'est le secret...". *Psy.be*. 2 de octubre. Consultado el 27 de abril de 2017. http://www.psy.be/couple/fr/problemeencouple/secret-confiance.htm

- Gannac, Anne-Laure. 2016. "Sortir du cercle infernal de la jalousie!". *Psychologies*. Junio. Consultado el 27 de abril de 2017. http://www.psychologies.com/Couple/Crises-Divorce/Jalousie/Articles-et-Dossiers/Sortir-du-cercle-infernal-de-la-jalousie
- Larivey, Michelle. s.f. "La jalousie amoureuse". *Redpsy*. Consultado el 27 de abril de 2017. http://www.redpsy.com/infopsy/jalousie.html
- Pappas, Stéphanie. 2014. "Why you shouldn't put your partner on a pedestal". *Livescience.* 21 de abril. Consultado el 27 de abril de 2017. http://www.livescience.com/44980-partner-on-pedestal.html
- Solano, Catherine. 2013. "Jalousie en couple, quelles en sont les causes?". *E-sante.be.* 9 de septiembre. Consultado el 27 de abril de 2017. http://www.e-sante.be/jalousie-en-couple-quelles-en-sont-causes/actualite/1340
- Souchan, Marianne. 2010. "La jalousie a-t-elle un sexe?". *Doctissimo.* 30 de noviembre. Consultado el 27 de abril de 2017. http://www.doctissimo.fr/html/psychologie/mag_2001/mag1214/ps_4900_jaloux_sexe.htm

FUENTES COMPLEMENTARIAS

- Borrel, Marie. 2002. *81 façons d'en finir avec la jalousie.* París: Guy Trédaniel Éditeur.
- Clarasó, Noel. 1995. *Antología de anécdotas.* 5.ª ed. Barcelona: Editorial Acervo.
- Deleuze, Catherine. 2012. *Problèmes de cœur, questions d'amour.* París: Albin Michel.
- Diccionario de la Real Academia Española, "Celo",

2014. Consultado el 27 de abril de 2017. http://dle.rae.
es/?id=8A737TG|8A7sRXS

- Guernier, Béatrice y Agnès Rousseau. 2004. *Vaincre la jalousie*. París: L'Harmattan.
- Iserte, Salvador. 1982. *La entidad amorosa*. Barcelona: Editorial CLIE
- Jardin, Philippe. 1990. *L'amour dans la haine ou la jalousie dans la littérature moderne*. Ginebra: Droz.
- Kundera, Milan. 2010. *La despedida*. Barcelona: Tusquets editores.
- Lagache, Daniel. 2008. *La jalousie amoureuse*. París: PUF.
- Malach Pines, Ayala. 2000. *La jalousie amoureuse*. París: Osman Eyrolles Multimedia.
- Ramírez Mota, Víctor. 2014. *El amor es libertad*. México D. F.: Paulinas Editorial.
- Sissa, Giulia. 2015. *La jalousie, une passion inavouable*. París: Odile Jacob.

Película

- *El infierno*. Dirigida por Claude Chabrol, con François Cluzet, Emmanuelle Béart y Marc Lavoine. Francia: MK2 Productions, CED, France 3 Cinéma, Cinémanuel, 1994.

Esta película nos ofrece un retrato realista de un enfermo de celos patológicos y pone de relieve los devastadores efectos que causa este sentimiento en la salud mental del protagonista.

en50MINUTOS.es

Historia
Economía y empresa
Coaching
Book Review
Salud y bienestar

EL DIAGRAMA DE ISHIKAWA
Material Método Máquina
Madre Naturaleza Medida Hombres

LA GUERRA DE PALESTINA DE 1948

DOMINA EL ARTE DEL NETWORKING

¡APRENDER NUNCA ANTES FUE TAN RÁPIDO!

www.en50minutos.es